Energie für Sport & Fitneß

für mehr Ausdauer, Kondition und Leistung

Was Sportler fit macht

Es ist ganz klar: Wenn Sie mehrmals pro Woche gezielt Sport treiben, brauchen Sie mehr Energie, egal ob Sie radfahren, schwimmen, wandern, Tennis spielen oder joggen. Sie können und sollen mehr essen. Allerdings sollte dies kein Freibrief sein, wahllos alles Mögliche in sich hineinzustopfen, weil es durch Sport ohnehin wieder »abgearbeitet« wird. Im Gegenteil: Nur richtig ernährte Muskeln bringen wirklich Power und geben ihnen den richtigen Kick.

Kohlenhydrate, immer wieder Kohlenhydrate!

Der wichtigste Stoff, aus dem Kraft und Ausdauer kommen, sind Kohlenhydrate. Sie sind eine Super-Tankfüllung für Ihre Muskeln. Auch für Nerven und Gehirn sind Kohlenhydrate die beste Energiequelle. Kohlenhydrate werden vom Organismus in Glykogen umgewandelt und in der Leber sowie in den Muskeln eingelagert. Wenn die Muskeln auf Hochtouren arbeiten, wird dieses Glykogen abgerufen. Allerdings können nur etwa 250–500 g Glykogen in Leber und Muskeln gespeichert werden. Das sind 1.000 bis 2.000 kcal. Bei Hochleistungen und beim

Ausdauersport muß deshalb Nachschub her. Wenn die Glykogenvorräte knapp werden, greift der Körper auf seine Eiweiß-Reserven zurück, was auf Kosten der Muskelmasse geht. Daneben werden auch die Fett-Depots zur Energiegewinnung angezapft – das aber bringt nicht so viel Power wie die Energie, die aus Kohlenhydraten gewonnen wird.
Mit normaler ausgewogener Ernährung erreicht man höchstens einen Anteil von 55 Prozent an Kohlenhydraten. Der Körper braucht dann, um seine durch Training oder Wettkampf geleerten Glykogenspeicher aufzufüllen, 2–3 Tage. Je mehr Sie den Anteil an Kohlenhydraten steigern (60–70 Prozent), desto schneller kommt verbrauchte Energie wieder zurück.

Trinken, richtig viel trinken!

Trinken Sie rechtzeitig, denn wenn Sie erst trinken, wenn Sie Durst haben, ist es schon viel zu spät. Ihr Körper kann dann den Flüssigkeitsverlust nicht mehr ausgleichen und Ihre Leistungsfähigkeit ist dahin. Trinken Sie schon, bevor Sie mit Ihrer sportlichen Betätigung anfangen, mindestens einen halben Liter – am besten magnesiumreiches Wasser. Wenn Sie länger als 45 Minuten am Stück Sport treiben, müssen Sie auch zwischendurch trinken. Gut ist zum Beispiel Apfelsaftschorle, denn Mineralstoffe und Kohlenhydrate sorgen für mehr Ausdauer.

Die Legende vom Eiweiss

Sportler brauchen mehr Eiweiß, um Kraft aufzubauen, sagt man. Stimmt aber nicht. 0,8 g Eiweiß pro Kilogramm Körpergewicht täglich sind völlig ausreichend. Lediglich Kraftsportler, wie Gewichtheber oder Kugelstoßer, brauchen – entsprechend ihrem höheren Körpergewicht – mehr.
Zu viel ungenutztes Eiweiß wird umgewandelt und landet als Speckpolster an unerwünschten Stellen.
Für hochwertiges Eiweiß brauchen Sie sich aber keinesfalls mit teuren Präparaten aus der Apotheke oder dem Reformhaus einzudecken. Das gibt es auch durch die Kombination gängiger Lebensmittel: Zum Beispiel Kartoffeln mit Ei und Quark oder Hülsenfrüchte mit Getreideprodukten.

Fett, aber nicht zu fett

Die Ernährung für Sportler soll fettkontrolliert sein. Zu viel Fett, vor allem tierisches Fett, würde den Organismus belasten. Zu wenig oder gar kein Fett wäre aber genauso schädlich. Es gilt die Faustregel: nicht mehr als 30 Prozent Fett der gesamten Energiezufuhr pro Tag.
Also: Butter oder Margarine aufs Brot, gute Olivenöle an den Salat und zwei- bis dreimal pro Woche Fisch. Vor allem die Kaltwasserfische, wie Lachs, Hering oder Makrele, enthalten die für den Körper so wertvollen Omega-3-Fettsäuren.

Zur rechten Zeit das Richtige!

gehaltvolle Kleinigkeiten für optimale Leistungen

Der Start in den Tag

Egal, ob Sie an diesem Tag Sport machen oder nicht: frühstücken Sie auf jeden Fall! Das bringt bereits den Leistungs-Kick, den nicht nur Ihre Muskeln brauchen. Auch Ihr Gehirn profitiert davon. Ohne Frühstück sind Ihre Glykogen-Speicher halbleer und leeren sich im Laufe des Vormittags immer mehr. Das Mittagstief ist damit bereits vorprogrammiert. Also: Morgens mit Köpfchen und einer satten Portion Kohlenhydrate starten! Dazu müssen Sie vielleicht Ihre Gewohnheiten etwas ändern. Aber diese 15 Minuten, die Sie für eine schnelle Morgenmahlzeit brauchen, lohnen sich und bringen außerdem gute Laune für den Tag.

Der Kick davor

Kurz bevor Sie sportlich aktiv werden, sollten Ihre Glykogenspeicher randvoll sein. Das geht am besten mit einem kleinen Snack, der viel Kohlenhydrate, aber wenig Ballaststoffe enthält. Hervorragend geeignet sind Bananen – die Sportlerfrucht schlechthin. Weniger gut sind fett- und eiweißreiche Mahlzeiten. Sie werden langsam verdaut und reduzieren Ihre Leistungsfähigkeit.

Fitmacher für Zwischendurch

Wenn Sie länger als 45 Minuten Sport treiben, müssen Sie auf jeden Fall für Flüssigkeits-Nachschub sorgen.
Feste Nahrung ist nicht so empfehlenswert, denn sie würde wegen der Verdauungsvorgänge den Körper nur zusätzlich belasten. Ausnahme ist natürlich, wenn Sie eine ganztägige Wanderung machen oder stundenlang Tennis spielen. Aber auch da genügt zum Auffüllen der Glykogenspeicher ein kleiner Snack, ein Müsli- oder Frucht-Riegel oder ein Stück Obst Ihrer Wahl.
Viel wichtiger ist das Trinken, um die mit dem Schweiß ausgeschiedenen Mineralien zu ersetzen. Ihr Mineralwasser sollte mindestens 100 mg Magnesium pro Liter enthalten. Als Kohlenhydrat-Ergänzung eignen sich Obstsäfte oder Schorlen.
Vermeiden Sie unbedingt Bier als Durstlöscher! Es enthält zwar jede Menge Mineralstoffe und auch Kohlenhydrate, der Alkoholgehalt aber beeinträchtigt deren Aufnahme im Körper, erhöht die Wasserausscheidung und verhindert die Wiederauffüllung der Glykogenspeicher.

Danach unbedingt essen!

Nach intensiver sportlicher Betätigung verspüren Sie zunächst einmal erstaunlicherweise keinen Hunger. Der kommt etwa eine Stunde später. Erst wenn sich Stoffwechsel und Kreislauf wieder normalisiert haben, nehmen wir die Hungersignale unseres Körpers wahr. Aber der Organismus schreit nach Mineralstoffen und Energie, denn er ist von der Anstrengung regelrecht ausgepowert! Die Glykogenspeicher in der Muskulatur sind leer. Sie brauchen sofort Kohlenhydrate, sonst werden Muskelzellen ab- statt aufgebaut. Ab Seite 35 finden Sie ideale Gerichte, mit denen Sie Ihre Reserven wieder auffüllen können.

Durch die große Anstrengung ist der Körper außerdem geschwächt. Die freien Radikale könnten jetzt besonders leichtes Spiel haben und ihren Angriff auf die Zellen im Körper starten. Zur Vorbeugung eignen sich besonders die antioxidativ wirksamen Vitamine C und E. Früchte, frische Gemüse und daraus gepreßte Säfte liefern das Vitamin C. Mit dem Schweiß werden neben Wasser auch wichtige Mineralstoffe ausgeschwemmt. Manche mehr, andere weniger. Den höchsten Verlust haben Sie bei den Mineralstoffen Magnesium und Kalium. Deshalb sollten der Snack danach und auch die Getränke vor allem diese Mineralstoffe enthalten.

Fitmacher, die es in sich haben

Power aus natürlichen Quellen

Nahrungsmittel mit grosser Wirkung

Aprikosen: B-Vitamine, Karotinoide, Kalium und Kieselsäure – die kleinen Früchte sind prallvoll mit Fitneß-Zutaten. In den Wintermonaten sind die ungeschwefelten getrockneten Aprikosen genauso gesund.

Banane: eine Frucht, die eigens für Sportler erfunden sein könnte. Magnesium, Kalium, Beta-Karotin, Biotin und Vitamin C satt, dazu noch die gerade richtige Menge an Kohlenhydraten für mehr Ausdauer.

Fische: 2–3 mal wöchentlich essen! Sie sind aufgrund der mehrfach ungesättigten Fettsäuren besonders wertvoll.

Haferflocken oder -kleie: liefern die Vitamine B_1 und E, sowie die Mineralstoffe Kalium und Magnesium. Auch kleine Mengen bringen genügend Kohlenhydrate.

Hülsenfrüchte: mit Bohnen und Linsen ist der Sportler auf dem richtigen Weg! Sie enthalten Mineralstoffe, Vitamine und hochwertiges Eiweiß pur!

Johannisbeeren: enthalten B-Vitamine, Beta-Karotin und außerdem noch jede Menge Vitamin C. Sie machen total fit.

Keimöle: enthalten die Omega-6-Fettsäuren, auch Linolsäure genannt. Die zweifach ungesättigten Fettsäuren sind lebensnotwendig. Täglich 1–2 Eßlöffel verwenden.

Kresse: enthält viel Magnesium und Kalium. Dazu auch noch antibiotische Wirkstoffe, Vitamin C und Karotinoide.

Möhren: ob geknabbert, als Saft oder geraspelt im Salat – sie stecken voller Energie und lassen sich auch gut mitnehmen.

Nüsse und Samen: enthalten Magnesium, Kalium und eine Extraportion Vitamin E. Sie sollten sie öfter mal über einen Salat oder ein Müsli streuen.

Reis und Wildreis: sind hervorragende Energie- und Mineralstoff-Lieferanten.

Rote Bete: neben Magnesium und Kalium enthält sie auch das blutbildende Eisen. Sie läßt sich auf vielerlei Art zubereiten und wird auch vorgekocht angeboten.

Trockenfrüchte: sind gute Lieferanten für alle Mineralstoffe. Sie dürfen in der Fitneß-Ernährung nicht fehlen. Am besten statt Schokolade oder Törtchen naschen!

Vollkorn-Produkte: ein Muß für sportlich Aktive – allein wegen der komplexen Kohlenhydrate! Außerdem liefern sie sämtliche Mineralstoffe und beinahe alle Vitamine.

Stoff	Wichtig für	Reichlich enthalten in	Tagesbedarf *
Magnesium	Muskeltätigkeit, Nerven, Enzyme, Zellenergie, Hormontransport, Immunsystem, Mineralstoffverwertung, Herzfunktion	Mineralwasser, Vollkornprodukten, Hülsenfrüchten, Kartoffeln, grünem Gemüse, Milchprodukten	300–350 mg
Kalium	Nervenimpulse, Zellstoffwechsel, Enzyme, Sauerstoffversorgung des Gehirns, Flüssigkeitshaushalt, Kohlenhydratstoffwechsel, Herzschlag	Obst, Trockenfrüchten, Kartoffeln	3–4 g
Vitamin E (Tocopherol)	Zellschutz vor freien Radikalen, Enzymreaktionen, Nerven, Muskeln, Haut, Durchblutung, Fettstoffwechsel	pflanzlichen Ölen, besonders in Keimölen, Erbsen, Nüssen, Avocado	12 mg
Vitamin B_1 (Thiamin)	Verarbeitung von Kohlenhydraten, Übertragung von Nervenreizen, Aktivierung von Magnesium	Hülsenfrüchten, Vollkornbrot, Kartoffeln, Geflügel, Leber	1,1–1,5 mg
Vitamin B_2 (Riboflavin)	Eiweiß- und Kohlenhydratstoffwechsel, Haut	Milchprodukten, Fleisch, Fisch, Eiern, Vollkornbrot	1,8 mg
Vitamin B_{12} (Cobalamin)	Bildung roter Blutkörperchen (zusammen mit Eisen), aktiviert Enzyme zur Bereitstellung von Muskelenergie	Leber, Seelachs, Eiern, Milchprodukten	5 Mikrogramm = 0,005 mg
Niacin	Enzyme beim Energieumsatz, Herz und Nervensystem	Vollkornbrot, Rindfleisch, Geflügel, Lachs, Hefe	15–20 mg
Biotin (Vitamin H)	Synthese von Kohlenhydraten und Fettsäuren, Energielieferung, Nervensystem, Haut, Haare, Nägel	Innereien, Milch, Sojabohnen, Vollkornbrot, Linsen, Hühnerleber	0,03–0,1 mg
Vitamin C (Ascorbinsäure)	Eisenverwertung, Immunsystem, Blutbildung, Blutgefäße	Paprika, Tomaten, Blumenkohl, Zitrusfrüchten, Johannisbeeren	75 mg
Beta-Karotin	Immunsystem	orangefarbenem Obst und Gemüse, grünem Gemüse, Tomaten	keine Angaben
Eisen	Sauerstofftransport im Blut, Muskelgewebe, Herzfunktion, Hormonstoffwechsel	Rindfleisch mit Salat oder Gemüse, Linsen mit Gemüse, Vollkornbrot mit Obst	10–15 mg

* Empfehlung der Deutschen Gesellschaft für Ernährung (DGE)
Bei starker sportlicher Aktivität kann der Tagesbedarf an Magnesium, Kalium, Vitamin E und C doppelt so hoch sein.

Power-woche

Vitamine und Mineralstoffe zum Genießen

Fitness für jeden Tag

Im Wochenplan finden Sie Beispiele, wie Sie sich an Tagen, an denen Sie Sport treiben, ernähren können. Aber auch an Ruhetagen können Sie diese fettarmen Fitmacher genießen. An Tagen, an denen Sie nicht sportlich aktiv sind, essen Sie die Snacks für vor und nach dem Sport einfach als Zwischenmahlzeit oder ersetzen sie durch ein Stück Obst Ihrer Wahl.

Genügend Kohlenhydrate

Jeder Tag ist so berechnet, daß Sie etwa 200 g reine Kohlenhydrate zu sich nehmen. Je nach Ihrem Trainingsumfang können Sie diese Menge an besonders »harten« Tagen durch Bananen, mehr Reis oder eine große Portion Teigwaren steigern.

Viel Magnesium

Allein aus der festen Nahrung ist der tägliche Magnesium-Bedarf von sportlich Aktiven nicht zu decken. Achten Sie daher darauf, daß Ihr Mineralwasser besonders viel Magnesium enthält. Es sollten mindestens 100 mg pro Liter sein, was auf dem Etikett vermerkt ist.

Fitness zum Trinken

Die Drinks im Rezeptteil haben es in sich! Sie können Sie zwischendurch trinken oder vor dem Training. Als Mahlzeit für danach enthalten sie zu wenig Kohlenhydrate. Doch vielleicht haben Sie auch mal Lust, den einen oder anderen Drink als Aperitif vor dem Hauptgang zu genießen.

Natur pur statt Vitalstoff-Präparate

Sie könnten sich natürlich die benötigte Mengen an Vitaminen und Mineralstoffen auch aus der Apotheke holen. Aber: in kleineren Portionen über den Tag verteilt, kann der Körper diese Stoffe viel besser aufnehmen und verarbeiten, als in großen Portionen nur einmal täglich. Außerdem können sich Vitamine und Mineralstoffe in ihrer Wirkung gegenseitig unterstützen, wenn der Körper sie gleichzeitig aufnimmt. Der Mineralstoff Magnesium wird zum Beispiel zusammen mit dem wasserlöslichen Vitamin B_1 besonders gut von unserem Körper verwertet. Wenn Sie Ihre Mahlzeiten gezielt und mit Köpfchen zusammenstellen, bekommt Ihr Körper alles, was er braucht.

WOCHENPLAN

Montag

- Frühstück aus Reisflocken mit Pfirsich
- Vorher: 2 Kräuter-Muffins mit Schinken ✱ Nachher: Trockenfrüchte-Pfannkuchen
- Zanderfilet mit Kräuterkruste ✱ Drink zwischendurch: Sportler-Drink Deep Purple

Dienstag

- Frühstück aus Avocado-Creme auf Dinkelbrot
- Vorher: 2 Muffins mit Cornflakes ✱ Nachher: Weißer Bohnen-Salat mit Sellerie
- Putenschnitzel in Kokosmilch ✱ Drink zwischendurch: Mango-Ayran mit Orange

Mittwoch

✱ Frühstück aus Krabben auf Pumpernickel ✱ Vorher: 2 Bananen-Muffins mit Haselnüssen ✱ Nachher: Serranoschinken mit Champignons
✱ Zucchini-Spaghetti mit Filetsteak ✱ Drink zwischendurch: Sweet Apricot Dream

Donnerstag

- Frühstück aus Bananen und Galiamelone
- Vorher: Mango-Ayran mit Orange ✱ Nachher: Thunfisch-Creme auf Vollkorntoast
- Schweinefilet in Kakisauce ✱ Drink zwischendurch: Papaya-Ananas-Milch

Freitag

- Frühstück aus Orangen-Mandel-Müsli mit Feigen
- Vorher: Bohnen-Tapenade mit Lauch ✱ Nachher: Mango-Johannisbeer-Salat
- Aprikosen-Hühnerbrust-Ragout ✱ Drink zwischendurch: Hot Pepper-Milch

Samstag

✱ Frühstück aus Parmaschinken auf Frischkäse ✱ Vorher: Sandwich mit Käse und Gurke ✱ Nachher: Couscous mit Mais und Salbei ✱ Merlan-Gulasch mit Mango
✱ Drink zwischendurch: Melonen-Mix mit Johannisbeeren

Sonntag

- Frühstück aus Mango-Müsli
- Vorher: Honigmelonen-Snack mit Feigen ✱ Nachher: Fenchel-Ananas-Rohkost
- Lachsschnitte im Lauchhemd ✱ Drink zwischendurch: Paprika-Möhren-Mix

Krabben auf Pumpernickel

vitamin- und mineralstoffreich

Zutaten für 2 Personen: • 50 g Magerquark • 4 EL Magermilch-Joghurt • Salz • Pfeffer • 4 Scheiben Pumpernickel • 2 EL Schnittlauchröllchen • 1 Karambole • 125 g gekochte und geschälte Krabben • 1 Zweig Dill

Quark, Joghurt, Salz und Pfeffer verrühren. 2 Scheiben Pumpernickel mit der Hälfte bestreichen und mit Schnittlauch bestreuen. Je 1 Scheibe Pumpernickel darauf legen und mit dem übrigen Quark bestreichen.

Die Karambole quer halbieren und zwei »Sterne« abschneiden. Rest würfeln, mit den Krabben vermischen und auf den Broten verteilen. Dill waschen, trockenschütteln, die Blättchen abzupfen und darüber streuen. Mit den Karambole-Sternen garniert servieren.

power

PRO PORTION: 217 KCAL • 20 g EW • 3 g F • 29 g KH

Mango-Müsli

mit viel Vitamin E, Kalium und Magnesium

Zutaten für 2 Personen: • 25 g Roggenflocken • 1/8 l fettarme Milch • 1 EL Pflanzencreme oder Crème fraîche • 2 EL Sonnenblumenkerne • 1 Mango

Roggenflocken mit Milch übergießen, die Pflanzencreme oder Crème fraîche unterrühren und 10 Minuten quellen lassen. Die Sonnenblumenkerne in einer beschichteten Pfanne ohne Fett rösten. Mango schälen, das Fruchtfleisch vom harten Kern schneiden, würfeln und unter die Flocken heben. Mit Sonnenblumenkernen bestreut servieren.

power

Pro Portion: 257 Kcal • 7 g EW • 10 g F • 34 g KH

Orangen-Mandel-Müsli mit Feigen

reich an Magnesium und Kalium

Zutaten für 2 Personen: • 50 g getrocknete Feigen • 3 EL Vollkorn-Haferflocken • 1/8 l fettarme Milch • 1 Orange • 25 g Mandelblättchen • 150 ml Magermilch-Joghurt • etwas Zimtpulver

Feigen klein würfeln. Mit Haferflocken und Milch in einer Schüssel 5 Minuten ziehen lassen. Die Orange schälen und würfeln. Mandelblättchen in einer beschichteten Pfanne ohne Fett rösten. Orangenwürfel und Joghurt unter das Müsli mischen. Die noch heißen Mandeln darüber streuen und mit Zimtpulver bestäuben.

power

Pro Portion: 262 Kcal • 10 g EW • 10 g F • 36 g KH

Reisflocken mit Pfirsich

reich an Kohlenhydraten und Magnesium

Zutaten für 2 Personen: • 300 ml fettarme Milch • 2 EL Vollrohrzucker (Reformhaus) • 100 g Reisflocken (Reformhaus) • 3 Pfirsiche (etwa 300 g) • 1 EL Pistazienkerne • 2 EL Rosinen • 2 EL Cornflakes

Die Milch mit dem Vollrohrzucker erhitzen, über die Reisflocken gießen und 10 Minuten zugedeckt quellen lassen. Die Pfirsiche mit kochendem Wasser überbrühen, häuten und würfeln. Die Pistazien grob hacken und ohne Fett rösten. Pfirsichwürfel und Rosinen unter die Reisflocken mischen. Mit Cornflakes und Pistazien bestreut servieren.

power

PRO PORTION: 384 KCAL • 8 g EW • 4 g F • 80 g KH

Bananen und Galiamelone

zur Steigerung der Muskelleistung

Zutaten für 2 Personen: • 2 Bananen • 5 EL Haferkleie • 2 TL Mangochutney • 1/2 Galiamelone (etwa 300 g Fruchtfleisch) • 2 EL Pinienkerne

Die Bananen mit einer Gabel zerdrücken oder pürieren und in einer Schüssel mit Haferkleie und Mangochutney vermischen. Die Melonenhälfte entkernen und in Spalten schneiden. Das Fruchtfleisch aus den Schalen lösen, in Stücke schneiden und unterheben. Die Pinienkerne hacken, ohne Fett rösten und über die Früchte streuen.

power

PRO PORTION: 275 KCAL • 5 g EW • 6 g F • 53 g KH

Parmaschinken auf Frischkäse

mit Honigmelone und Tomatensaft

Die Melone mit einem Löffel entkernen, mit einem Messer in Spalten schneiden und das Fruchtfleisch aus den Schalen lösen. Das Fruchtfleisch in sehr kleine Würfel schneiden und in eine Schüssel geben. Den Frischkäse dazugeben. Melonenwürfel mit dem Frischkäse vermengen und mit Salz und Pfeffer abschmecken.

Die Brötchen quer halbieren und jede Hälfte mit der Melonen-Frischkäse-Mischung bestreichen. Den Parmaschinken vom Fettrand befreien, zu lockeren Spiralen drehen und auf die Brötchenhälften legen. Je nach Geschmack mit weißem Pfeffer aus der Mühle bestreuen. Dazu paßt ein Glas Tomatensaft.

Zutaten für 2 Personen:
1/4 Honigmelone (etwa 150 g Fruchtfleisch)
100 g körniger Frischkäse
Salz
Pfeffer
2 Vollkornbrötchen
50 g Parmaschinken, hauchdünn geschnitten
300 ml Tomatensaft

Tomatensaft hat es in sich

Lycopin ist der Stoff, der den Tomaten ihre knallrote Farbe gibt. Lycopin kann die freien Radikale im Körper bremsen und das Besondere: es bleibt auch bei der Verarbeitung, zum Beispiel zu Tomatensaft, erhalten. Nicht nur das: Durch Erhitzen wird die Lycopinverwertung erleichtert.

power

Pro Portion:
240 Kcal
18 g EW • 3 g F
34 g KH

Rosa Grapefruit und Trockenpflaumen

mit Amaretti – kleinen italienischen Makronen

Zutaten für 2 Personen: • 1 rosa Grapefruit • 5 EL Weizenkleie • 10 entsteinte getrocknete Pflaumen (etwa 50 g) • 150 g Magermilch-Joghurt • 10 Amaretti

Die Grapefruit sorgfältig schälen und filetieren, dabei abtropfenden Saft auffangen. Die Grapefruitfilets, Saft und Kleie in einer Schüssel mischen. Die Pflaumen in Streifen schneiden und mit dem Joghurt unter die Grapefruit-Kleie-Mischung heben. In Dessertschälchen geben. Die Amaretti zerbröseln und darüber streuen.

power

Pro Portion: 146 Kcal • 6 g EW • 2 g F • 25 g KH

Camembert-Creme auf Roggenbrot

schmeckt auch als Snack ausgezeichnet

Zutaten für 2 Personen: • 50 g reifer Camembert (30 % Fett i. Tr.) • 100 g Magerquark • 1–2 EL Milch • Salz • weißer Pfeffer • 1/2 TL Paprikapulver edelsüß • 2 Frühlingszwiebeln • 4 Scheiben Roggenbrot • 2 EL Schnittlauchröllchen

Camembert kleinschneiden, zerdrücken, mit Quark und Milch pürieren. Mit Salz, Pfeffer und Paprikapulver würzen. Frühlingszwiebeln waschen, putzen, längs halbieren, in feine Streifen schneiden und unter die Camembert-Creme mischen. Die Brotscheiben damit bestreichen. Mit Schnittlauchröllchen bestreuen.

power

Pro Portion: 235 Kcal • 18 g EW • 5 g F • 31 g KH

Avocado-Creme
mit Kresse und Erdbeeren
auf Dinkelbrot

Die Avocado halbieren und vom Stein befreien. Das Fruchtfleisch mit einem Teelöffel herauslösen, in eine Schüssel geben und mit einer Gabel grob zerdrücken. Mit Salz, Pfeffer und Himbeeressig verrühren.

Die Dinkelbrotscheiben leicht toasten. Jede Scheibe mit der Creme bestreichen. Die Kresse mit einer Küchenschere vorsichtig abschneiden und über die Creme streuen.

Die Erdbeeren waschen, von den Stielen zupfen und in Scheiben schneiden. Die Erdbeeren ebenfalls auf den Broten verteilen. Nach Geschmack nochmals mit frisch gemahlenem Pfeffer würzen.

Zutaten für 2 Personen:
1 kleine Avocado (250–300 g)
Salz
schwarzer Pfeffer
2 EL Himbeeressig
4 Scheiben Dinkelbrot (je etwa 50 g)
1 Kästchen Gartenkresse
4 Erdbeeren (etwa 60g)

Avocado

Avocados haben den höchsten natürlichen Fettgehalt aller Obst- und Gemüsesorten. Drei Viertel davon sind die bekömmlichen mehrfach ungesättigten Fettsäuren. Außerdem reichlich enthalten: Biotin, das die Bereitstellung von Energie in den Muskeln regelt. Darüber hinaus beeinflußt Biotin den Eiweißstoffwechsel von Haut, Haaren und Nägeln positiv. Daher gilt die Avocado auch als Schönheits-Frucht.

PRO PORTION:
470 KCAL
11 g EW • 27 g F
44 g KH

power

Mango-Ayran mit Orange

hoher Magnesium- und Kaliumgehalt

Die Sonnenblumenkerne sehr fein hacken, in einer beschichteten Pfanne ohne Fett so lange rösten, bis sie duften, und dann zum Abkühlen beiseite stellen.

Zutaten für 2 Drinks:
1 EL Sonnenblumenkerne
1 reife Mango
(etwa 300 g Fruchtfleisch)
1 unbehandelte Orange
1/2 Limette
2 EL Haferkleie
1/4 l Ayran

Die Mango schälen und das Fruchtfleisch mit einem scharfen Messer spaltenweise vom harten Kern schneiden. Dabei den abtropfenden Saft in einer Schüssel auffangen. Zwei Mangospalten zum Garnieren beiseite stellen. Den Saft von der Orange und der Limettenhälfte auspressen. Die Mango zusammen mit dem Orangen- und Limettensaft, der Haferkleie und dem Ayran im Mixer oder mit dem Pürierstab pürieren.

Den Drink in Gläser füllen und mit den gerösteten Sonnenblumenkernen bestreuen. Nach Belieben jeweils eine Mangospalte an den Glasrand stecken und die Drinks sofort servieren.

power

Mango – beliebte Steinfrucht

Mangos sollen schon vor 6.000 Jahren in Indien angebaut worden sein und gelten als Symbol für Kraft und Stärke. Kein Wunder, denn sie enthalten große Mengen Beta-Karotin, Vitamine und Mineralstoffe. Mittlerweile sind sie beinahe überall erhältlich und können sehr vielseitig verwendet werden, zum Beispiel auch als Beilage zu Fleisch oder Fisch.

Pro Drink:
240 Kcal
7 g EW • 8 g F
33 g KH

Sportler-Drink

für Top-Energie und mit roter Bete

Deep Purple

Zutaten für 2 Drinks: • 2 Knollen rote Bete (je etwa 200 g) • 2 kleine säuerliche Äpfel • 2 mittelgroße Möhren • Saft von 1/2 Zitrone • 2 TL Meerrettich (aus dem Glas) • Selleriesalz • weißer Pfeffer

Die rote Beten waschen, schälen und achteln (dabei Küchenhandschuhe anziehen!). Die Äpfel waschen, vierteln und vom Kerngehäuse befreien. Die Möhren waschen und putzen. Rote Beete, Äpfel und Möhren im Entsafter entsaften. Den Saft mit Zitronensaft und Meerrettich verquirlen. Mit Selleriesalz und Pfeffer kräftig abschmecken.

power

Pro Drink: 92 Kcal • 2 g EW • 1 g F • 21 g KH

Sweet Apricot Dream

für Spitzenleistung Top-Gehalt an Kalium

Zutaten für 2 Drinks: • 500 g reife Aprikosen • 1 Limette • 2 rosa Grapefruits • 1 EL Vollrohrzucker (Reformhaus) • etwas Mineralwasser • 2 Minzeblättchen

Aprikosen waschen, entsteinen und entsaften. Limette und Grapefruits halbieren. Den Saft einer 1/2 Limette und der Grapefruits auspressen. Die Glasränder mit Wasser befeuchten und in Zucker tauchen. Aprikosen-, Grapefruit- und Limettensaft vermischen, in die Gläser geben und mit Mineralwasser auffüllen. Übrige Limette in Scheiben schneiden. Mit Limettenscheiben und Minzeblättchen garnieren.

power

Pro Drink: 140 Kcal • 3 g EW • 1 g F • 30 g KH

Grüner Flitzer

Energiespender für sofort

Zutaten für 2 Drinks: • 200 g Gurke • 2 Kiwis • 3 Zweige Dill • 1/4 l Kurmolke • 1/2 TL Kreuzkümmel • Salz • Pfeffer • etwas eiskaltes Mineralwasser

Die Gurke und die Kiwis schälen. Den Dill waschen, trockenschütteln und die Blättchen von den Stengeln zupfen. Gurke, Kiwis, Kurmolke und Dill fein pürieren. Mit Kreuzkümmel, Salz und Pfeffer würzen. Den Mix ein paar Minuten ziehen lassen, in Gläser füllen und nach Geschmack mit eiskaltem Mineralwasser aufgießen.

power

Pro Drink: 45 Kcal • 11 g EW • 1 g F • 8 g KH

Yellow Secret

sehr erfrischend und magnesiumreich

Zutaten für 2 Drinks: • 1 Ananas (etwa 300 g Fruchtfleisch) • 1 Banane • 5 Zweige Minze • 1/4 l Buttermilch • 2 El Ahornsirup • 1 EL Leinsamen

Ananas schälen, längs vierteln, den harten Mittelstrunk herausschneiden. Das Fruchtfleisch in Stücke schneiden. Banane schälen. Minzeblättchen von den Stengeln zupfen, einige Blättchen beiseite legen. Ananas, Banane, Minzeblättchen und Buttermilch pürieren. Ahornsirup und Leinsamen unterrühren. Restliche Minze hacken. Den Drink in Gläsern mit Minze garniert servieren.

power

Pro Drink: 188 Kcal • 2 g EW • 2 g F • 43 g KH

Melonen-Mix mit Johannisbeeren

besonders reich an Mineralstoffen

Die Johannisbeeren waschen und bis auf 2 Rispen von den Stengeln zupfen. Die Melonenhälfte von den Kernen befreien, in Spalten schneiden und schälen. Das Fruchtfleisch in 1 cm große Stücke schneiden. Die Beeren, Melonenstücke und den Honig mit der Buttermilch im Mixer oder mit dem Pürierstab pürieren.

Die Glasränder mit Wasser befeuchten und in den Zucker tauchen. Den Drink in die Gläser füllen. Die Gläser mit je einer Johannisbeerrispe garnieren und sofort servieren.

Zutaten für 2 Drinks:
100 g rote Johannisbeeren
1/2 Honigmelone (etwa 350 g Fruchtfleisch)
1 TL Wildblüten Honig
1/8 l Buttermilch
2 TL Zucker

Energiebomben Johannisbeeren

Vor allem die roten Johannisbeeren enthalten Beta-Karotin, B-Vitamine und Vitamin C in Hülle und Fülle. Dazu kommt ein hoher Kalium- und Calcium-Gehalt. Die kleinen »fruchtigen Kraftpakete« schmecken in jeder Form: entweder als Obst zwischendurch oder kombiniert mit Quark, Joghurt oder Kefir. Besonders fein schmeckt der Mix, wenn Sie die Johannisbeeren erst entsaften und den Saft zur pürierten Melone gießen.

power

Pro Drink:
157 kcal
4 g EW • 1 g F
33 g KH

Hot *für Freunde scharfer Drinks* Pepper-Milch

Zutaten für 2 Drinks: • 2 EL Sesamsamen • 2 rote Paprikaschoten • 4 Strauchtomaten • Salz • Pfeffer • einige Spritzer Tabasco • 300 ml eiskalte fettarme Milch

Sesamsamen in einer beschichteten Pfanne ohne Fett goldgelb rösten und beiseite stellen. Paprikaschoten halbieren, Stielansätze, Kerne und Trennhäutchen entfernen und waschen. Tomaten waschen, halbieren und von den Stielansätzen befreien. Paprika und Tomaten im Entsafter entsaften. Mit Salz, Pfeffer und Tabasco würzen. Den Saft in Gläser füllen, mit der Milch aufgießen und Sesam darüber streuen.

power

PRO DRINK: 128 KCAL • 6 g EW • 5 g F • 17 g KH

Kraftwerk aus *kreislauf- und stoffwechselfördernd* Sellerie und Paprika

Zutaten für 2 Drinks: • 450 g Knollensellerie • 2 gelbe Paprikaschoten • Cayennepfeffer • 2 Blättchen und 1 EL fein gehackte Zitronenmelisse • 1 TL Hagelsalz • Mineralwasser

Sellerie schälen. Paprika halbieren, Stielansätze, Kerne und Trennhäutchen entfernen. Sellerie und Paprika entsaften und mit Cayennepfeffer würzen. Gehackte Zitronenmelisse mit dem Salz mischen und auf einem Teller ausbreiten. Die Glasränder mit Wasser befeuchten und in die Würzmischung tauchen. Saft in die Gläser gießen, nach Geschmack mit Mineralwasser auffüllen und mit Melisseblättchen garnieren.

power

PRO DRINK: 70 KCAL • 4 g EW • 1 g F • 13 g KH

Papaya-Ananas-Milch

besonders viel Kalium und Beta-Karotin

Zutaten für 2 Drinks: • 1 Papaya • 1 Baby-Ananas • Saft von 1/2 Limette • 200 ml kalte fettarme Milch • Mineralwasser • 1 EL Kokosraspeln

Papaya halbieren, entkernen und das Fruchtfleisch mit einem Teelöffel herauskratzen. Ananas schälen, dabei die braunen »Augen« herausschneiden. 2 dünne Scheiben abschneiden und beiseite legen. Den Rest kleinschneiden. Mit Papaya, Limettensaft und Milch pürieren. Mit Mineralwasser auffüllen. Glasränder befeuchten und in die Kokosraspeln tauchen. In Gläsern mit Ananasscheiben garniert servieren.

power

PRO DRINK: 161 KCAL • 3 g EW • 3 g F • 31 g KH

Paprika-Möhren-Mix

mit etwas Öl, damit das Vitamin A verwertet werden kann

Zutaten für 2 Drinks: • 1 gelbe Paprikaschote • 2 Kohlrabi • 500 g Möhren • 2 TL fein gehackte Petersilie • Selleriesalz • 2 Tropfen Weizenkeimöl

Die Paprikaschote halbieren, Stielansatz, Kerne und Trennhäutchen entfernen und waschen. Die Kohlrabi und Möhren schälen. Das Gemüse nacheinander im Entsafter entsaften. Den Saft mit Petersilie und Selleriesalz kräftig würzen. Auf zwei Gläser verteilen, jeweils 1 Tropfen Öl einrühren und sofort servieren.

power

PRO DRINK: 104 KCAL • 5 g EW • 1 g F • 19 g KH

Kräuter-Muffins mit Schinken

Herzhaftes auch zum Mitnehmen

Den Backofen auf 200° vorheizen. Die Schalotten schälen und fein würfeln. Etwa 50 g Schinken fein würfeln. Das Öl in einer beschichteten Pfanne erhitzen. Schalotten- und Schinkenwürfelchen darin knusprig braten. Die Schalotten-Schinken-Mischung dann beiseite stellen.

Quark, Milch, Ei, Salz, Pfeffer und Käse in einer Schüssel gut verrühren. Das Mehl dazu sieben. Zucker und Backpulver hinzufügen und alles verrühren. Die Schalotten-Schinken-Mischung, Petersilie und Thymian unterrühren.

Die Muffinformen hauchdünn einfetten. Den Teig mit einem Eßlöffel darin gleichmäßig verteilen. Den übrigen Schinken in Streifen schneiden und kreuzweise auf die Muffins legen. Die Muffins im Backofen (Mitte) in 20–25 Minuten backen, bis sie goldbraun sind. Die Kräuter-Muffins auf einem Kuchengitter auskühlen lassen.

Zutaten für 12 Stück:

- 2 Schalotten
- 75 g magerer gekochter Schinken
- 2 EL Pflanzenöl
- 150 g Magerquark
- 50–75 ml Milch
- 1 Ei, Salz, Pfeffer
- 2 EL frisch geriebener Gouda
- 200 g Roggenmehl (Type 997)
- 1/2 TL Zucker
- 1 Päckchen Backpulver
- 3 EL gehackte Petersilie
- 1 EL gehackter Thymian
- etwas Fett für die Formen

Klein, aber fein

Muffins kommen aus Amerika und sind voll im Trend. Ob einfach oder raffiniert, ob süß oder pikant, ob als Snack oder zum Mitnehmen – die Küchlein kommen immer an. Frisch und noch lauwarm schmecken sie am besten. Sie lassen sich auch einfrieren und schnell wieder aufbacken.

Pro Stück:
108 Kcal
6 g EW • 4 g F
13 g KH

power

Honigmelonen-Snack mit Feigen

enthält reichlich Kalium und Vitamin C

Zutaten für 2 Personen: • 2 reife dunkle Feigen • Saft von 1/2 Limette • 1 EL Vollrohrzucker (Reformhaus) • 1/2 Honigmelone • 2 EL Mascarpone • einige Minzeblättchen

Die Feigen würfeln. Den Limettensaft und Zucker mischen. Die Feigenwürfel darin 10 Minuten marinieren. Die Melonenhälfte entkernen, schälen, in Stücke schneiden und pürieren. Mascarpone cremig rühren und unterziehen. Die Feigenwürfel mit der Marinade unterheben und den Snack 1 Stunde kühl stellen. Mit Minzeblättchen garniert servieren.

power

Pro Portion: 113 Kcal • 1 g EW • 3 g F • 20 g KH

Reiswaffeln mit Johannisbeeren

super leicht und erfrischend

Zutaten für 2 Personen: • 75 g rote Johannisbeeren • 1 TL Agavensirup (Naturkostladen) • 1 EL Frischkäse • 2 EL Magermilch-Joghurt • schwarzer Pfeffer • 2 Reiswaffeln • einige Thymianblättchen

Johannisbeeren von den Stengeln zupfen. In einer Schüssel leicht mit einer Gabel zerdrücken und mit Agavensirup beträufeln. Den Frischkäse mit Joghurt glattrühren und mit Pfeffer würzen. Die Johannisbeeren unterheben. Diese Mischung auf den Reiswaffeln verteilen und mit Thymianblättchen garnieren.

power

Pro Portion: 119 Kcal • 1 g EW • 1 g F • 26 g KH

Bananen-Muffins mit Haselnüssen

jede Menge Kohlenhydrate für Sofort-Energie

Den Backofen auf 200° vorheizen. Honig, Margarine und Eier in einer Schüssel mit dem Handrührgerät in 5 Minuten schaumig schlagen. Die Bananen schälen und zerdrücken. Das Bananenmus, die Haselnüsse und den Vanillezucker dazugeben und alles weitere 2 Minuten rühren, bis eine leicht cremige Masse entsteht. Mehl mit Backpulver vermischen, zu der Masse sieben und kräftig unterrühren.

Die Muffinformen hauchdünn einfetten. Den Teig mit einem Eßlöffel darin verteilen. Die Förmchen nur zu zwei Drittel füllen, da der Teig aufgeht. Einige Rosinen obenauf setzen.

Die Muffins im Backofen (Mitte) in etwa 20 Minuten goldbraun backen. In der Form etwas auskühlen lassen und dünn mit Ahornsirup bepinseln.

Zutaten für 12 Stück:
100 g Waldhonig
125 g Halbfettmargarine
2 Eier, 2 Bananen
50 g gemahlene Haselnüsse
1 Päckchen Vanillezucker
225 g Weizenvollkornmehl (Type 1050)
2 TL Backpulver
etwas Fett für die Formen
20 g Rosinen
2 EL Ahornsirup

Bananen

Die Banane ist die ideale Sportler-Frucht! Ob abwechslungsreich zubereitet oder frisch nach dem Training verzehrt, sie liefert den nötigen Kohlenhydrate-Kick. Mit ihrem Kalium- und Magnesiumgehalt können Sie Ihre Mineralstoffspeicher wieder auffüllen. Und Niacin sorgt für eine bessere Energiegewinnung.

power

Pro Stück:
193 kcal
4 g EW • 8 g F
26 g KH

Muffins mit Cornflakes

Magnesium-Spender zum Mitnehmen

Den Backofen auf 200° vorheizen. Die Aprikosen in feine Streifen schneiden. Die Möhren putzen, schälen und fein raspeln. Die Möhrenraspel mit den Eiern und dem Honig verquirlen. Die Rosinen, Aprikosen, Mandeln und fein geraspelte Orangenschale unterrühren.

Das Mehl und das Backpulver in einer Schüssel mischen. Die Mischung zu der Masse sieben und alles zu einem nicht zu festen Teig rühren.

Das Fett in einem kleinen Topf schmelzen lassen. Die Muffinformen damit dünn einpinseln. Jeweils 1 Eßlöffel Teig in jede Vertiefung geben und glattstreichen. Im Backofen (Mitte) etwa 20 Minuten backen, bis sie goldbraun sind.

Inzwischen die Aprikosenkonfitüre mit Wasser in einem kleinen Topf bei schwacher Hitze erwärmen, bis sie flüssig ist. Die Muffins auf einem Küchengitter etwas auskühlen lassen. Dann mit der Konfitüre bestreichen. Die Cornflakes über die Muffins streuen und fest andrücken.

Zutaten für 12 Stück:
8 getrocknete Aprikosen
2 mittelgroße Möhren
2 Eier
4 EL Honig
2 EL Rosinen (etwa 25 g)
50 g gehackte Mandeln
Schale von 1/2 unbehandelten Orange
150 g Weizenvollkornmehl (Type 1050)
2 TL Backpulver
etwas Fett für die Formen
Zum Verzieren:
2 EL Aprikosenkonfitüre
2 EL Wasser
25 g Cornflakes

power

Pro Stück: 131 Kcal • 4 g EW • 4 g F • 21 g KH

Bohnen-Tapenade mit Lauch

auch als Vorspeise und für Gäste geeignet

Zutaten für 3–4 Portionen:
1 Stange Lauch
1 mittelgroße Möhre
1 EL Olivenöl
1/8 l Gemüsefond (aus dem Glas)
1 kleine Dose Kidneybohnen (250 g Abtropfgewicht)
1 EL gehacktes Bohnenkraut
1 EL gehackter Thymian
2 TL Kapern
Salz
Pfeffer

Den Lauch und die Möhren putzen. Den Lauch längs aufschlitzen, waschen und in Halbringe schneiden. Die Möhren schälen und in Scheiben schneiden. Das Olivenöl in einer beschichteten Pfanne erhitzen. Das Gemüse darin bei schwacher Hitze unter ständigem Rühren leicht anbraten. Mit dem Gemüsefond ablöschen und bei schwacher Hitze 10–15 Minuten einkochen lassen, bis die Flüssigkeit verdampft und das Gemüse bißfest ist.

Die Kidneybohnen in einem Sieb gut abtropfen lassen. Die Bohnen mit den Kräutern, den Kapern, dem Lauch und den Möhren fein pürieren. Die Tapenade mit Salz und Pfeffer abschmecken und im Kühlschrank kalt stellen.

Die Bohnen-Tapenade schmeckt gut zu Gemüse-Rohkost, aber auch als Aufstrich zu Vollkornbrot. Sie können sie bis zu einer Woche im Kühlschrank aufbewahren.

Vollkorn und Hülsenfrüchte

Diese Kombination hat eine besonders hohe biologische Wertigkeit. So kombiniert, kann das Eiweiß in den Hülsenfrüchten vom Körper am besten aufgenommen werden. Wer nicht so viel tierisches Eiweiß essen möchte, kann den Eiweißbedarf auf diese Art gut decken.

Pro Portion:
100 Kcal
5 g EW • 3 g F
13 g KH

power

Sandwich mit Käse und Gurke

füllt den Kohlenhydrate-Speicher

Die Roggenbrotscheiben mit dem Frischkäse bestreichen. Die Gurke waschen, eventuell schälen und in dünne Scheiben schneiden. Die Gurkenscheiben auf dem Frischkäse verteilen. Den Harzer Käse mit einem scharfen Messer in vier dünne Scheiben schneiden. Die Käsescheiben auf die Gurken legen.

Die Frühlingszwiebeln putzen, waschen und in Ringe schneiden. Die Schnittlauchröllchen und die Frühlingszwiebeln mit Salz, Pfeffer und dem Essig verrühren. Das Öl einrühren.

Diese Mischung mit einem Teelöffel über die Käsebrote träufeln. Je nach Geschmack nochmals mit Pfeffer bestreuen.

Zutaten für 2 Personen:
- 2 dicke Scheiben Roggenbrot
- 2 EL Frischkäse
- 100 g Gurke
- 2 Rollen Harzer Käse
- 2 Frühlingszwiebeln
- 2 EL Schnittlauchröllchen
- Salz
- Pfeffer aus der Mühle
- 2 EL Weißweinessig
- 2 TL Weizenkeimöl

Für mehr Abwechslung

Alternativ können Sie das Sandwich auch einmal mit der gleichen Menge Romadur probieren. Auch er ist ein extrem fettarmer Käse. Je nach Geschmack und Vorlieben können Sie statt Schnittlauch auch Petersilie oder andere frische Kräuter verwenden.

Pro Portion:
219 kcal
22 g EW • 6 g F
20 g KH

power

Trockenfrüchte-Pfannkuchen

mit Aprikosen und Ananas-Flakes

Die Aprikosen in kleine Würfelchen schneiden. Die Ananas-Flakes mit einem scharfen Messer grob hacken und mit den Aprikosenwürfeln mischen. Mit Milch übergießen und etwa 5 Minuten ziehen lassen.

Das Ei in einer Schüssel verquirlen und unterrühren. Das Mehl sieben und nach und nach unter die Mischung rühren. Den Teig 2–3 Minuten quellen lassen.

Jeweils 1 Teelöffel Butter in einer kleinen beschichteten Pfanne (20 cm Durchmesser) erhitzen und darin bei starker Hitze nacheinander 2 Pfannkuchen backen, bis sie goldbraun sind.

Jeden Pfannkuchen mit 1 Teelöffel saurer Sahne bestreichen, aufrollen, anrichten, nach Belieben zusätzlich mit Ananas-Flakes bestreuen und mit je einem Glas kalter Milch servieren.

Zutaten für 2 Personen:

25 g getrocknete Aprikosen (ungeschwefelt)
25 g Ananas-Flakes
1/8 l fettarme Milch
1 Ei
50 g Weizenvollkornmehl (Type 1050)
2 TL Butter
2 TL saure Sahne

Starke Trockenfrüchte

100 g getrocknete Feigen enthalten 70 mg Magnesium und reichlich Kalium. Damit sind sie – wie andere Trockenfrüchte auch – eine Top-Empfehlung für die Ernährung sportlich aktiver Menschen. Ebenfalls hervorragend geeignet: Getrocknete Aprikosen und Pflaumen, Ananas-Flakes und Bananen-Chips.

Pro Portion:
256 kcal
9 g EW • 9 g F
34 g KH

power

Couscous mit Mais und Salbei

bringt verlorenes Magnesium zurück

Zutaten für 2 Personen: • 150 ml Wasser • 100 g Couscous • 2 TL Mohnöl • 1 kleine Dose Mais • 100 g Champignons • 2 EL Salbei • 4 EL Magermilch-Joghurt • 2 EL weißer Aceto balsamico • Salz • Pfeffer

Das Wasser aufkochen lassen und über den Couscous gießen. Das Öl einrühren und den Couscous 10 Minuten quellen lassen. Mais abtropfen lassen. Champignons waschen, putzen und feinblättrig schneiden. Den Salbei in Streifen schneiden und alles unter den Couscous mischen. Joghurt mit Essig, Salz und Pfeffer verrühren und unter den Salat mischen.

power

Pro Portion: 369 Kcal • 12 g EW • 6 g F • 68 g KH

Mango-Johannisbeer-Salat

schmeckt auch mit frischen Pfirsichen

Zutaten für 2 Personen: • 1 Mango • 4 Aprikosen • 100 g rote Johannisbeeren • Saft von 1/2 Zitrone • 30 g Vollrohrzucker (Reformhaus) • 2 EL Haferflocken blütenzart

Mango schälen und kleinwürfeln. Aprikosen waschen, halbieren, entkernen und in dünne Spalten schneiden. Johannisbeeren waschen und von den Stengeln zupfen. Mango, Aprikosen und Beeren mischen. Mit Zitronensaft beträufeln und auf Teller verteilen. Zucker in einer Pfanne mit 2 Eßlöffeln Wasser schmelzen lassen. Haferflocken darin unter Rühren bräunen und auf den Obstsalat geben.

power

Pro Portion: 240 Kcal • 3 g EW • 2 g F • 51 g KH

Chicorée-Salat mit Aprikosen

ersetzt Kalium und Magnesium nach dem Sport

Die Aprikosen mit heißem Wasser überbrühen, häuten, halbieren, entkernen und in schmale Spalten schneiden. Die Kürbiskerne grob hacken und in einer beschichteten Pfanne ohne zusätzliches Fett rösten und zum Abkühlen beiseite stellen.

Für die Marinade den Ahornsirup mit dem Essig in einer Schüssel gut verrühren und mit Salz und Pfeffer kräftig würzen. Nach und nach das Öl mit einem Schneebesen unterschlagen. Die Aprikosenspalten und die Kürbiskerne unter die Marinade mischen und etwa 10 Minuten ziehen lassen.

Den Chicorée von den äußeren Blättern befreien, halbieren, die Strünke keilförmig herausschneiden, die Hälften in 1 cm breite Streifen schneiden und unter die Aprikosen mischen. Den Chicorée-Salat auf Tellern anrichten und servieren.

Zutaten für 2 Personen:

10 Aprikosen (etwa 350 g)
1 EL Kürbiskerne
1 EL Ahornsirup
2 EL Aceto balsamico
Salz
Pfeffer
2 EL Kürbiskernöl
2 kleine Stauden Chicorée

Ölspezialität aus der Steiermark

Kürbiskernöl wird aus den schwarzen Kernen einer einheimischen Kürbisart gewonnen (normalerweise sind die Kerne weiß). Es ist ein sehr dunkles Öl (»Schwarzes Gold«), das sehr sparsam verwendet wird. Vorsicht bei der Tischwäsche: das Öl hinterläßt Flecken, die sich kaum entfernen lassen.

Pro Portion:

223 Kcal

5 g EW • 11 g F

25 g KH

power

Weißer Bohnen-Salat mit Sellerie

zum Auftanken Magnesium in Hülle und Fülle

Die Bohnen in ein Sieb geben, mit kaltem Wasser abspülen und gut abtropfen lassen. Die Schalotten und den Knoblauch schälen. Die Schalotten in feine Würfel und den Knoblauch in Scheiben schneiden.

Zutaten für 2 Personen:
1 Dose weiße Bohnen
(250 g Abtropfgewicht)
2 Schalotten
2 Knoblauchzehen
1 EL Olivenöl
5 EL Cassisessig oder
Himbeeressig
Salz, Pfeffer
5 Cocktailtomaten
1 Stange Staudensellerie
15 g Walnußkerne
2 Scheiben Vollkornbrot

Für das Dressing das Öl in einer kleinen beschichteten Pfanne erhitzen. Die Zwiebelwürfel und Knoblauchscheiben darin bei mittlerer Hitze goldgelb braten und mit dem Essig ablöschen. Das Dressing mit Salz und Pfeffer würzen und noch heiß mit den Bohnen vermischen.

Die Cocktailtomaten waschen, halbieren und von den Stielansätzen befreien. Den Sellerie dünn abschälen und würfeln. Die Cocktailtomaten und Selleriewürfel unter die Bohnen mischen. Die Walnüsse hacken. Den Salat anrichten, mit Walnüssen bestreuen und mit Vollkornbrot servieren.

power

Bohnen haben es in sich

Ob rot oder weiß, ob getrocknet oder aus der Dose – in der Ernährung für Fitneßbewußte sollten getrocknete Bohnen viel öfter vorkommen! Ihr Plus: 100 g getrocknete Bohnen enthalten 341 mg Kalium und 39 mg Magnesium. Dazu kommt der hohe Anteil an Kohlenhydraten. Bohnen aus der Konserve bieten nur geringfügig weniger Inhaltsstoffe.

Pro Portion:
334 Kcal
13 g EW • 13 g F
39 g KH

Serranoschinken mit Champignons

schmeckt auch mit luftgetrocknetem Rinderschinken

Zutaten für 2 Personen: • 50 g Champignons • 1 TL Zitronensaft • 50 g Serranoschinken • 4 EL körniger Frischkäse • 2 EL Schnittlauchröllchen • 2 dicke Scheiben Bauernbrot • schwarzer Pfeffer aus der Mühle

Die Champignons putzen, klein würfeln und mit Zitronensaft beträufeln. Den Schinken vom Fettrand befreien, kleinschneiden und unter die Champignons mischen. Den Frischkäse und die Schnittlauchröllchen unterheben. Die Brotscheiben jeweils mit der Masse bestreichen. Mit Pfeffer bestreuen und servieren.

power

Pro Portion: 200 Kcal • 17 g EW • 3 g F • 23 g KH

Thunfisch-Creme auf Vollkorntoast

auf Mini-Vollkornbroten ideal zum Aperitif

Zutaten für 2 Personen: • 1 Dose Thunfisch ohne Öl (150 g Abtropfgewicht) • Saft von 1/2 Zitrone • 2 EL Magerquark • Salz • Pfeffer • 4 Scheiben Vollkorntoast • 4 Radieschen • 2 EL Gartenkresse

Den Thunfisch in einem Sieb gut abtropfen lassen. Mit dem Pürierstab oder im Mixer mit Zitronensaft und Quark fein pürieren. Die Creme salzen und pfeffern. Den Vollkorntoast toasten und mit der Creme bestreichen. Die Radieschen waschen, putzen, in Scheiben schneiden und darauf legen. Die Toasts mit Kresse bestreut servieren.

power

Pro Portion: 205 Kcal • 22 g EW • 13 g F • 21 g KH

Fenchel-Ananas-Rohkost

mit zerbröseltem Pumpernickel

Den Quark mit dem Limettensaft und der Milch glattrühren. Mit Salz und Pfeffer würzen. Die Fenchelknolle waschen, putzen, die äußeren Blätter dünn schälen und alles in Streifen schneiden. Etwas Fenchelgrün beiseite legen. Die Fenchelstreifen mit dem Quark vermischen. Die Ananas schälen, dabei die braunen »Augen« herausschneiden. Die Frucht längs vierteln und den harten Mittelstrunk heraustrennen. Das Fruchtfleisch in Würfel schneiden und erst kurz vor dem Servieren unterheben. Denn Ananas enthält das Enzym Bromelain, das in Verbindung mit Milchprodukten einen bitteren Geschmack verursacht. Die Pumpernickelscheiben zerbröseln. Die Rohkost mit Pumpernickelbrösel und mit etwas Fenchelgrün garniert servieren.

Zutaten für 2 Personen:
2 EL Magerquark
Saft von 1/2 Limette
1–2 EL Milch
Salz
bunter Pfeffer
1 kleine Fenchelknolle
1/2 kleine Ananas
(200 g Fruchtfleisch)
2 Scheiben Pumpernickel

Fenchel

Neben seinem frischen Anis-Aroma enthält Fenchel für aktive Menschen auch äußerst wertvolle Inhaltsstoffe, zum Beispiel Vitamin A und E, Kalzium und Kalium. Kaufen Sie eher kleine Knollen, bei den größeren sind die äußeren Blätter zäh und müssen geschält werden.

PRO PORTION:
141 KCAL
5 g EW • 1 g F
26 g KH

power

Merlan-Gulasch mit Mango

exotisch und ideal als Energiespender

300 ml leicht gesalzenes Wasser aufkochen lassen. Den Reis waschen, hineinstreuen und fest zugedeckt bei schwacher Hitze in 30–40 Minuten ausquellen lassen.

Inzwischen die Zwiebel schälen und fein hacken. Den Merlan in etwa 1,5 cm große Würfel schneiden. Die Mangohälfte schälen, das Fruchtfleisch mit einem scharfen Messer vom festen Kern schneiden und würfeln. Den Pfirsich heiß überbrühen, häuten, halbieren, entkernen und in Spalten schneiden.

Das Erdnußöl in einer hohen beschichteten Pfanne erhitzen und die Zwiebel darin bei schwacher Hitze goldbraun braten. Fischwürfel dazugeben und unter ständigem Wenden darin anbraten. Den Fond angießen, den Senf einrühren und 5 Minuten bei schwacher Hitze köcheln lassen. Mit Salz und Pfeffer würzen. Die Früchte darin in 2–3 Minuten warm werden lassen. Die Speisestärke mit der Sahne verrühren, in das Gulasch rühren und einmal aufkochen lassen. Mit dem Reis anrichten.

Zutaten für 2 Personen:

Salz
150 g Naturreis
1 kleine Zwiebel
300 g Merlan
(Scheiben oder Filets)
1/2 Mango
1 Pfirsich
2 EL Erdnußöl
250 ml Gemüse- oder Fischfond
(aus dem Glas)
1 EL scharfer Senf
Pfeffer
1 TL Speisestärke
3 EL Sahne

Fische, die fit machen

Merlan, ein Seefisch, ist auch unter dem Namen Wittling oder Weißling bekannt. Sie können das Gericht auch mit anderen festen Fischen zubereiten, zum Beispiel mit Steinbeißer oder Heilbutt. Statt Naturreis schmeckt auch ein knuspriges Baguette oder eine Portion Nudeln dazu.

Pro Portion:
751 kcal
38 g EW • 29 g F
83 g KH

power

Zanderfilet mit Kräuterkruste

mit grünen Bohnen und Kartoffeln

Das Zanderfilet mit Zitronensaft beträufeln und zugedeckt 10 Minuten ziehen lassen. Den Backofen auf 200° vorheizen. Die Kartoffeln schälen, waschen und in Stifte schneiden. Die Bohnen putzen, waschen und in reichlich Wasser mit den Kartoffelstiften in 10–15 Minuten bißfest garen.

Zutaten für 2 Personen:
300 g Zanderfilet
Saft von 1/2 Zitrone
300 g Kartoffeln
300 g grüne Bohnen
4 Knoblauchzehen
40 g zimmerwarme Butter
3 EL gehackte Petersilie
20 g Semmelbrösel
Salz
Pfeffer
2 EL gehacktes Bohnenkraut
2 EL frisch geriebener Parmesan

Inzwischen den Knoblauch schälen und durch die Knoblauchpresse drücken. Mit 30 g Butter, Petersilie, Semmelbröseln, Salz und Pfeffer verkneten. Das Zanderfilet mit der Kräuterbutter bestreichen und in einer feuerfesten Form im Backofen (Mitte) 12–15 Minuten backen, bis die Kruste knusprig ist.

Die Bohnen und Kartoffeln in einem Sieb abtropfen lassen. Die restliche Butter schmelzen, das Bohnenkraut dazugeben und die Bohnen mit den Kartoffeln darin schwenken.

Das Zanderfilet auf Teller geben, daneben das Gemüse anrichten und mit Parmesan bestreut servieren.

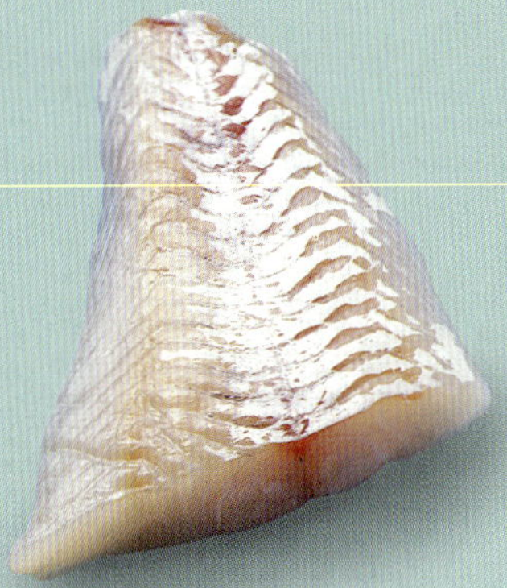

Zander

Dieser besonders feine Süßwasserfisch enthält viel Vitamin D, Jod und Selen. Mit nur 0,7 g Fett pro 100 g ist er praktisch fettfrei. Selen ist, wie das für Sportler so wichtige Vitamin E, ein Antioxidanz. Es schützt die Zellen vor den krebserzeugenden freien Radikalen.

Pro Portion:
506 Kcal
41 g EW • 21 g F
38 g KH

power

Lachsschnitte im Lauchhemd

besonders reich an Omega-3-Fettsäuren

Den Lauch putzen. Vier von den äußeren Blättern ablösen und beiseite legen. Die Lauchstange längs aufschlitzen und gründlich waschen. Die Lauchstange in Halbringe schneiden. Den Backofen auf 200° vorheizen. Reichlich Salzwasser zum Kochen bringen und die vier Lauchblätter darin 5 Minuten kochen. Mit einem Schaumlöffel herausnehmen und abtropfen lassen. Die Spaghettini in das kochende Lauchwasser geben und nach Packungsanleitung bißfest garen.

Inzwischen die Paprikaschote halbieren, von Stielansatz, Kernen und Trennhäutchen befreien, waschen und in Streifen schneiden. Das Öl in einer beschichteten Pfanne erhitzen. Den Lauch und die Paprikastreifen darin bei mittlerer Hitze andünsten. Die saure Sahne mit der Crème fraîche verrühren, mit Salz und Pfeffer würzen und unter das Gemüse heben. Die Spaghettini abgießen, gut abtropfen lassen, mit dem Gemüse vermischen und in eine ovale Auflaufform (28 cm Länge) geben.

Die Lachsschnitten salzen, pfeffern und mit je 2 Lauchblättern umwickeln. Mit der »Naht« nach unten auf die Spaghettini legen. Die Butter in Flöckchen obenauf setzen und zugedeckt im Backofen (Mitte) 20 Minuten garen.

Zutaten für 2 Personen:

1 dicke Stange Lauch
(etwa 250 g geputzt)
Salz
200 g Spaghettini
1 gelbe Paprikaschote
1 EL Olivenöl
4 EL saure Sahne
2 EL Crème fraîche
Pfeffer
2 Lachsschnitten (je 150 g)
10 g Butter

power

Pro Portion: 886 kcal • 47 g EW • 40 g F • 83 g KH

Linguine mit Catfisch und Basilikum

Feines auch für sportliche Gäste

Mindestens 2 l Salzwasser aufkochen lassen und die Linguine darin bißfest garen. In der Zwischenzeit die Schalotten und den Knoblauch schälen. Die Schalotten fein würfeln. Die Kapern fein hacken.

Zutaten für 2 Personen:
Salz
200 g Linguine
2 Schalotten
1 Knoblauchzehe
2 TL Kapern, 2 TL Butter
50 ml Gemüsebrühe
100 g feine Pflanzencreme oder Crème fraîche
100 g geräucherter Catfisch
etwas Zitronensaft
Pfeffer
2 EL gehacktes Basilikum

Für die Sauce die Butter in einer beschichteten Pfanne erhitzen und die Schalotten darin bei schwacher Hitze glasig dünsten. Den Knoblauch dazu pressen und mit der Gemüsebrühe ablöschen. Die Kapern und die Pflanzencreme oder Crème fraîche in die Brühe rühren.

Die Linguine abgießen und abtropfen lassen. Den Catfisch zerpflücken und in der Sauce bei schwacher Hitze warm werden lassen. Mit Zitronensaft, Salz und Pfeffer abschmecken und die Linguine unterheben. Mit Basilikum und nach Belieben mit Kapernfrüchten garniert servieren.

power

Catfisch, der amerikanische Wels

Er wird in Deutschland meistens geräuchert angeboten. Sein festes Fleisch ist besonders gesund, da die Züchter ihn mit Maiskleie, Weizen und Sojabohnen füttern. Wenn Sie tiefgekühlten Catfisch kaufen, verwechseln Sie ihn nicht mit dem Katfisch, das ist ein Steinbeißer. Ersatzweise können Sie auch geräuchertes Forellenfilet verwenden.

Pro Portion:
796 kcal
39 g EW • 31 g F
88 g KH

Putenschnitzel in Kokosmilch

mineralstoffreich durch Wildreis und Spargel

Zutaten für 2 Personen:
Salz
150 g Wildreis
300 g Putenschnitzel
weißer Pfeffer
200 g grüner Spargel
1/2 Ananas (etwa 250 g Fruchtfleisch)
1/2 rote Chilischote
2 EL Maiskeimöl
400 ml Kokosmilch
1 TL Sambal Olek
3 TL Pfeilwurzelstärke (Reformhaus)

450 ml Salzwasser zum Kochen bringen. Den Reis waschen und darin zugedeckt bei schwacher Hitze 35–40 Minuten ausquellen lassen. Die Putenschnitzel salzen, pfeffern und in feine Streifen schneiden. Den Spargel im unteren Drittel schälen und schräg in etwa 3 cm lange Stücke schneiden. Die Ananas schälen und das Fruchtfleisch ohne den harten Strunk würfeln. Die Chilischote aufschlitzen, entkernen und klein würfeln.

Das Öl erhitzen. Die Putenstreifen darin bei mittlerer Hitze scharf anbraten. Spargelstücke dazugeben und unter Rühren 3–5 Minuten anbraten. Kokosmilch, Sambal Olek und Chiliwürfelchen unterrühren und bei schwacher Hitze 6 Minuten köcheln lassen. Die Pfeilwurzelstärke in etwas Wasser auflösen und einrühren. Ananasstücke unterheben und darin warm werden lassen. Mit Wildreis servieren.

Wildreis

Wildreis ist der Samen eines amerikanischen oder asiatischen Wassergrases. Er enthält mehr Eiweiß, Kalium und Magnesium als normaler Reis und sollte – obwohl er etwas teurer ist – regelmäßig auf dem Fitneß-Speiseplan stehen. Es gibt ihn auch mit anderen Reissorten gemischt.

Pro Portion:
897 Kcal
53 g EW • 27 g F
106 g KH

power

Aprikosen-Hühner-brust-Ragout

mit Banane und Basmatireis

Den Reis in 300 ml Salzwasser zugedeckt bei schwacher Hitze 12–15 Minuten garen, bis das gesamte Wasser aufgesogen ist. Dann umrühren und offen ausdampfen lassen.

Inzwischen die Hühnerbrust in schmale Streifen schneiden, salzen, pfeffern und mit Curry bestäuben. Den Ingwer schälen und kleinschneiden. Peperoni längs aufschlitzen, entkernen, waschen und in kleine Würfel schneiden.

Öl in einer hohen beschichteten Pfanne erhitzen. Hühnerbruststreifen bei mittlerer Hitze unter gelegentlichem Rühren kräftig anbraten. Ingwer und Peperoni mitbraten. Den Fond angießen und alles bei schwacher Hitze 3 Minuten köcheln lassen.

Banane schälen und in dünne Scheiben schneiden. Aprikosen waschen, entkernen und in feine Spalten schneiden. Bananenscheiben, Aprikosenspalten und Rosinen dazugeben, umrühren und in 2–3 Minuten warm werden lassen. Den Reis auf Tellern anrichten. Das Ragout darauf geben und servieren.

Zutaten für 2 Personen:

150 g Basmatireis
Salz
300 g Hühnerbrust
Pfeffer
1 EL Madras-Currypulver
1 Stück Ingwer (haselnußgroß)
1/2 Peperoni
2 EL Erdnußöl
200 ml Geflügelfond (aus dem Glas)
1 Banane
5 Aprikosen
2 EL Rosinen

Beauty-Früchte Aprikosen

Ihr hoher Gehalt an Kalium, Kieselsäure, B-Vitaminen und Karotinoiden ist verantwortlich für die Rundum-Power. Das gilt auch für die getrockneten Früchte. Deshalb: Öfter mal statt Süßigkeiten zwischendurch Trockenfrüchte naschen.

Pro Portion:
780 Kcal
43 g EW • 17 g F
100 g KH

power

Schweinefilet in Kakisauce

für Gäste Exotisches mit Duftreis

Das Schweinefilet von den Sehnen befreien, mit Salz und Pfeffer würzen. Sesamöl in einer beschichteten Pfanne erhitzen. Das Filet darin von allen Seiten bei mittlerer Hitze etwa 20 Minuten anbraten. Den Reis waschen und mit den Rosinen in der doppelten Menge Salzwasser 10 Minuten zugedeckt garen. Peperoni längs aufschlitzen, entkernen, waschen und fein würfeln. Die Kaki schälen, halbieren, die Kerne entfernen und ebenfalls fein würfeln. Agar-Agar in der Gemüsebrühe auflösen. Das Schweinefilet in Alufolie gewickelt warm halten. Peperoni und Kaki im Bratfett kurz anbraten, die Gemüsebrühe angießen und bei schwacher Hitze etwas einkochen lassen. Mit einer großen Schöpfkelle je eine Halbkugel Reis auf die Teller setzen. Das Fleisch schräg aufschneiden, daneben legen, die Sauce darüber ziehen und servieren.

Zutaten für 2 Personen:

1 kleines Schweinefilet (etwa 250 g)
Salz
Pfeffer
2 EL Sesamöl
150 g thailändischer Duftreis (Asienladen)
2 EL Rosinen
1/2 Peperoni
1 Kaki
1 TL Agar-Agar (Reformhaus)
250 ml Gemüsebrühe

Kaki – Nahrung der Götter

Kaki ist eine exotische orangefarbene Frucht. Sie hat ein weiches, geleeartiges Fleisch und ist leicht verdaulich. Ihr Gehalt an Beta-Karotin und Vitamin C kann sich sehen lassen.

Statt Kaki können Sie auch 1/2 kleine frische Ananas (200 g Fruchtfleisch) verwenden.

Pro Portion:

576 Kcal

33 g EW • 12 g F

80 g KH

power

Grüne Bohnen mit Filetsteak

würzig und scharf mit vielen Mineralstoffen

Zwiebel, Knoblauch und Ingwer schälen und klein würfeln. Peperoni entkernen, waschen und klein würfeln. Den Lauch putzen, längs aufschlitzen, gründlich waschen und in Halbringe schneiden. Die Bohnen putzen und waschen.

Zutaten für 2 Personen:

- 1 kleine Zwiebel
- 3 Knoblauchzehen
- 1 Stück Ingwer (haselnußgroß)
- 1 grüne Peperoni
- 1 Stange Lauch
- 500 g grüne Bohnen
- 2 EL Rapsöl
- 1 EL Vollrohrzucker
- 400 ml Rinderbrühe
- 2 kleine Filetsteaks
- Salz, Pfeffer
- 4 EL saure Sahne
- 1 EL Stärkemehl

1 Eßlöffel Öl in einer hohen beschichteten Pfanne erhitzen. Zwiebeln, Knoblauch, Ingwer und Peperoni darin anbraten. Den Zucker darüber streuen und so lange rühren, bis er flüssig ist. Die Rinderbrühe, Lauch und Bohnen dazugeben und zugedeckt bei schwacher Hitze etwa 10 Minuten kochen.

Die Steaks behutsam plattieren, salzen und pfeffern. Das übrige Öl in einer beschichteten Pfanne erhitzen und die Steaks darin von jeder Seite 4 Minuten braten.

Die Bohnen salzen und pfeffern. Saure Sahne mit dem Stärkemehl verrühren, unter das Gemüse rühren, kurz ziehen lassen. Neben den Steaks anrichten.

Grünes Gemüse und Fleisch

Diese Kombination garantiert eine besonders gute Eisenversorgung. Eisen ist im menschlichen Körper zu 70 Prozent im roten Blutfarbstoff enthalten, der für den Sauerstofftransport im Blut zuständig ist. Dieses Gericht enthält außerdem noch 161 mg Magnesium und 1757 mg Kalium, womit ein großer Teil des täglichen Normalbedarfs gedeckt wird.

Pro Portion:
483 Kcal
41 g EW • 23 g F
28 g KH

power

Roastbeef auf roten Linsen

schmeckt pikant und bietet viel Magnesium

Die Schalotten schälen und sehr fein hacken. In einem beschichteten Topf 1 Eßlöffel Olivenöl erhitzen und die Schalotten darin bei schwacher Hitze goldbraun braten.
Die Linsen waschen, verlesen und dazugeben. Den Rinderfond angießen. Die Linsen darin bei schwacher Hitze in 8–10 Minuten bißfest garen.
Inzwischen das Roastbeef in Streifen schneiden. Das restliche Öl in einer beschichteten Pfanne erhitzen und die Roastbeefstreifen darin bei mittlerer Hitze knusprig braten.
Den Joghurt mit den Schnittlauchröllchen vermengen, mit Salz und Pfeffer abschmecken. Die Linsen mit dem Himbeeressig würzen und das Roastbeef unterheben. Auf zwei Tellern anrichten und jeweils 1 Eßlöffel Schnittlauch-Joghurt in der Mitte obenauf setzen. Die restliche Sauce getrennt dazu reichen.

Zutaten für 2 Personen:
2 Schalotten
2 EL Olivenöl
200 g rote Linsen
400 ml Rinderfond (aus dem Glas)
150 g fein aufgeschnittenes Roastbeef
150 g Magermilch-Joghurt
4 EL Schnittlauchröllchen
Salz, Pfeffer
2 EL Himbeeressig

Linsen

100 g Linsen enthalten 129 mg Magnesium und 840 mg Kalium. Das heißt, daß Sie mit einer Linsenmahlzeit schon mehr als ein Drittel des täglichen Magnesiumbedarfs decken. Das gilt auch für Linsen aus der Dose. Besonders schnell zubereitet sind rote Linsen, denn ihre Garzeit beträgt nur etwa 10 Minuten.

Pro Portion:
534 Kcal
45 g EW • 14 g F
58 g KH

power

Zucchini-Spaghetti mit Filetsteak

mit viel Eisen und Magnesium

Mindestens 2 l Salzwasser aufkochen lassen und die Spaghetti darin bißfest garen. Den Zucchino dünn schälen. Mit einem Sparschäler rundherum etwa 2 cm breite Streifen der Länge nach abschneiden. Die Schalotte schälen und fein würfeln. Den Knoblauch schälen.

Zutaten für 2 Personen:

- Salz
- 100 g Spaghetti
- 1 Zucchino (etwa 300 g)
- 1 Schalotte
- 2–3 Knoblauchzehen
- 2 Filetsteaks (je 150 g)
- Pfeffer
- 2 EL Olivenöl
- 2 TL Oregano
- 2 EL saure Sahne

Filetsteaks plattieren, salzen und pfeffern. Das Öl in einer beschichteten Pfanne erhitzen. Die Steaks darin bei mittlerer Hitze von beiden Seiten in 4–5 Minuten durch- oder medium braten. In Alufolie gewickelt warm halten. Die Spaghetti abgießen und abtropfen lassen.

Schalottenwürfel in derselben Pfanne andunsten. Die Zucchinistreifen dazugeben, Knoblauch dazu pressen, mit Oregano würzen und unter Rühren glasig dünsten. Saure Sahne und Spaghetti unterheben. Mit Steaks anrichten.

power

Zucchiniblüten fürs Auge

Die großen, weiblichen hängen an einer Mini-Frucht und eignen sich gut zum Füllen. Die kleinen, männlichen können Sie als eßbare Dekoration für Nudelgerichte und Salat verwenden. Sie enthalten sehr viel Beta-Karotin, Kalium und Kalzium.

Pro Portion:
515 kcal
41 g EW • 19 g F
45 g KH

Möhren-Spinat-Pfannkuchen

mit viel Kalium und Vitamin E

Die Kartoffeln schälen und waschen. Die Möhren putzen und schälen. Kartoffeln und Möhren grob raspeln. Die Zwiebel schälen und fein hacken. Frischen Spinat waschen, verlesen, grobe Stiele abzwicken, in Streifen schneiden und in einem Topf bei mittlerer Hitze dünsten, bis er keine Flüssigkeit mehr läßt. Tiefgekühlten Spinat nach Vorschrift auftauen lassen und fest ausdrücken. Kartoffeln, Möhren, Zwiebeln und Spinat mit den Eiern verrühren. Mit Pfeffer und Majoran kräftig würzen.
Öl in einer flachen beschichteten Pfanne (25 cm Durchmesser) erhitzen. Den Gemüseteig hineingeben, glattstreichen und bei schwacher Hitze 20 Minuten backen. Vorsichtig wenden, dabei den Pfannkuchen auf einen größeren Teller gleiten lassen. Den Pfannkuchen mit Hilfe eines zweiten Tellers umdrehen und wieder in die Pfanne gleiten lassen. In weiteren 10–15 Minuten fertigbacken. In Stücke schneiden und servieren. Dazu paßt ein frischer Salat.

Zutaten für 2 Personen:
400 g Kartoffeln
100 g Möhren
1 kleine Zwiebel
200 g frischer Spinat (oder 125 g tiefgekühlter Blattspinat)
2 Eier
schwarzer Pfeffer
2 EL gehackter Majoran
2 EL Rapsöl

Kartoffel und Ei

Das Eiweiß in Kartoffeln kann besonders gut verwertet werden. Zusammen mit Ei ist es sogar wertvoller als Eiweiß aus Fleisch. Kartoffeln sind reich an Kalium. Gehen Sie sparsam mit Salz um, denn das enthält Natrium, das die günstige Wirkung von Kalium beeinträchtigt.

Pro Portion:
300 Kcal
13 g EW • 15 g F
27 g KH

power

Kartoffelauflauf mit Tatar

läßt sich gut vorbereiten

Den Backofen auf 200° vorheizen. Kartoffeln schälen, waschen und auf dem Gurkenhobel in sehr feine Scheiben hobeln. Die Tomaten über Kreuz einritzen und für einige Sekunden in kochendes Wasser legen, herausheben, häuten und in Scheiben schneiden. Den Rucola waschen, Stiele entfernen, gut abtropfen lassen und grob hacken.

Das Öl in einer beschichteten Pfanne erhitzen. Das Rindertatar zerpflücken und darin bei starker Hitze scharf anbraten. Mit Salz und Pfeffer würzen. Das Tomatenmark einrühren. Die Pfanne beiseite stellen. Den Mozzarella abtropfen lassen und in Scheiben schneiden.

Eine ovale Auflaufform (28 cm Durchmesser) dünn einfetten und die Hälfte der Kartoffeln einschichten. Darauf eine Hälfte Tatar geben, den Rucola darauf verteilen. Die restlichen Kartoffeln und das übrige Fleisch darauf geben. Erst mit Tomatenscheiben, dann mit dem Mozzarella belegen.

Zutaten für 2 Personen:

500 g Kartoffeln
4 Strauchtomaten (etwa 400 g)
1 Bund Rucola (etwa 50 g)
1 EL Rapsöl
250 g Rindertatar
Salz
Pfeffer
2 EL Tomatenmark
125 g Mozzarella
etwas Fett für die Form
1 Ei
100 ml fettarme Milch
1 TL Zimtpulver

Das Ei mit der Milch und dem Zimt verquirlen. Die Eiermilch über den Auflauf gießen. Im Backofen (Mitte) etwa 55 Minuten backen, bis die Kartoffeln gar sind. Eventuell mit Alufolie abdecken, damit der Mozzarella nicht zu dunkel wird. Den Auflauf vor dem Servieren 5 Minuten ruhen lassen.

power

Pro Portion: 565 Kcal • 50 g EW • 22 g F • 40 g KH

Gnocchi mit Sahne-Austernpilzen

feiner Mineralstoffspender auf die Schnelle

Die Gnocchi nach Packungsangabe in reichlich Salzwasser garen. Die Schalotte schälen und in kleine Würfel schneiden. Den Schinken in feine Streifen schneiden. Die Austernpilze waschen, putzen und ebenfalls in Streifen schneiden.

Die Butter in einer hohen beschichteten Pfanne erhitzen. Die Schalotte und den Schinken darin bei mittlerer Hitze anbraten. Die Austernpilze dazugeben und unter ständigem Rühren etwa 3–4 Minuten bei schwacher Hitze dünsten. Gnocchi mit einem Schaumlöffel herausheben und in einem Sieb abtropfen lassen. Sahne und Milch zu den Pilzen geben und mit Salz und Pfeffer abschmecken. Die Sahne bei schwacher Hitze 1–2 Minuten einkochen lassen. Den Parmesan und die Gnocchi unter die Sahne-Austernpilze rühren. Die Gnocchi auf Tellern anrichten, mit Schnittlauch garnieren und sofort servieren.

Zutaten für 2 Personen:
400 g Gnocchi (aus dem Kühlregal)
Salz, 1 Schalotte
100 g magerer gekochter Schinken
200 g Austernpilze
1 EL Butter
3 EL Sahne
100 ml fettarme Milch
schwarzer Pfeffer
2 EL frisch geriebener Parmesan
2 EL Schnittlauchröllchen

Pilze haben es in sich

Handelsübliche Pilze enthalten viel Kalium, etwas Magnesium und auch Eisen. Manche sind reich an Niacin, das beim Energieumsatz eine wichtige Rolle spielt. Kaufen Sie nur Pilze, die fest sind und keine feuchten Stellen haben. Bereiten Sie Pilze noch am selben Tag zu, denn bei der Lagerung verlieren sie viel von ihren Inhaltsstoffen.

PRO PORTION:
390 KCAL
20 g EW • 20 g F
31 g KH

power

Register

Für Sportler: Fitneß-Food

Abkürzungen
TL = Teelöffel
EL = Eßlöffel
kcal = Kilokalorien
EW = Eiweiß
F = Fett
KH = Kohlenhydrate

Impressum

Redaktion: Ina Schröter
Lektorat: Dipl. oec. troph. Maryna Zimdars
Umschlaggestaltung: independent Medien-Design, Claudia Fillmann
Innenlayout: Heinz Kraxenberger
Herstellung: Helmut Giersberg
Fotos: FoodPhotography Eising, München
Satz: Johannes Kojer
Reproduktion: Repro Schmidt, Dornbirn
Druck: Appl, Wemding
Bindung: Sellier, Freising
ISBN: 3-7742-1691-6

Auflage: 5. 4. 3. 2. 1.
Jahr: 04 03 02 01 2000

Doris Muliar
Die gebürtige Österreicherin arbeitet seit 1985 für Hörfunk, Fernsehen und Verlage und beschäftigt sich schwerpunktmäßig mit dem Thema »Gesundheit«. Als begeisterte Hobbyköchin hat sie sich außerdem auf die fettarme Küche spezialisiert. Da sie sportlich sehr aktiv ist, weiß sie, wie sie sich mit einer fettkontrollierten Ernährung optimal fit und leistungsfähig halten kann.

Susie M. und **Pete Eising** haben Studios in München und Kennebunkport, Maine (U.S.A.). Sie studierten an der Fachakademie für Fotodesign in München, wo sie 1991 ihr eigenes Studio für Food Fotografie gründeten.

Für dieses Buch:
Fotografische Gestaltung:
Martina Görlach
Foodstyling:
Monika Schuster

Ein Dankeschön für die Unterstützung bei der Fotoproduktion:
Sabre (Paris)
LSA (London)
Christiane Perrochon (Capannole, Italien)
Michael Aram (New Jersey)
Sompex (Meerbusch)

DAS ORIGINAL • GU • MIT GARANTIE

Das Original mit Garantie

IHRE MEINUNG IST UNS WICHTIG. Deshalb möchten wir Ihre Kritik, gerne aber auch Ihr Lob erfahren. Um als führender Ratgeberverlag für Sie noch besser zu werden. Darum: Schreiben Sie uns! Wir freuen uns auf Ihre Post und wünschen Ihnen viel Spaß mit Ihrem GU-Ratgeber.

UNSERE GARANTIE: Sollte ein GU-Ratgeber einmal einen Fehler enthalten, schicken Sie uns das Buch mit einem kleinen Hinweis und der Quittung innerhalb von sechs Monaten nach dem Kauf zurück. Wir tauschen Ihnen den GU-Ratgeber gegen einen anderen zum gleichen oder ähnlichen Thema um.

Ihr Gräfe und Unzer Verlag
Redaktion Kochen
Postfach 86 03 25
81630 München
Fax: 089/41981-113
e-mail: leserservice@graefe-und-unzer.de